LATINOS FAMOSOS

Ellen Ochoa

La primera astronauta latina

Lila y Rick Guzmán

Enslow Elementary

an imprint of

Enslow Publishers, Inc.

40 Industrial Road
Box 398
Berkeley Heights, NJ 07922
USA

http://www.enslow.com

Series Adviser
Bárbara C. Cruz, Ed.D., Series Consultant
Professor, Social Science Education
University of South Florida

Series Literacy Consultant
Allan A. De Fina, Ph.D.
Past President of the New Jersey Reading Association
Professor, Department of Literacy Education
New Jersey City University

Note to Parents and Teachers: The *Famous Latinos* series supports National Council for the Social Studies (NCSS) curriculum standards. The Words to Know section introduces subject-specific vocabulary words.

This series was designed by Irasema Rivera, an award-winning Latina graphic designer.

Enslow Elementary, an imprint of Enslow Publishers, Inc.
Enslow Elementary® is a registered trademark of Enslow Publishers, Inc.

Spanish edition copyright 2008 by Enslow Publishers, Inc.

Originally published in English under the title *Ellen Ochoa: First Latina Astronaut* © 2006 by Enslow Publishers, Inc.

Spanish edition translated by Lila and Rick Guzmán; edited by Strictly Spanish, LLC.

Library of Congress Cataloging-in-Publication Data

Guzmán, Lila, 1952–
   [Ellen Ochoa: first Latina astronaut. Spanish]
   Ellen Ochoa: la primera astronauta latina / Lila y Rick Guzmán.
      p. cm. — (Latinos famosos)
   Includes bibliographical references and index.
   ISBN-13: 978-0-7660-2677-3
   ISBN-10: 0-7660-2677-9
   1. Ochoa, Ellen—Juvenile literature. 2. Women astronauts—United States—Biography—Juvenile literature. 3. Astronauts—United States—Biography—Juvenile literature. 4. Hispanic American women—Biography—Juvenile literature. I. Guzmán, Rick. II. Title.
   TL789.85.O25G8618 2008
   629.450092—dc22
   [B]
                                                         2006037998

To Our Readers: We have done our best to make sure all Internet Addresses in this book were active and appropriate when we went to press. However, the author and the publisher have no control over and assume no liability for the material available on those Internet sites or on other Web sites they may link to. Any comments or suggestions can be sent by e-mail to comments@enslow.com or to the address on the back cover.

Every effort has been made to locate all copyright holders of material used in this book. If any errors or omissions have occurred, corrections will be made in future editions of this book.

A nuestros lectores: Hemos hecho lo posible para asegurar que todos los sitios de Internet que aparecen en este libro estuvieran activos y fueran apropiados en el momento de impresión. Sin embargo, el autor y el editor no tienen control sobre, ni asumen responsabilidad por, los materiales disponibles en esos sitios de Internet o en otros de la Web a los cuales se conectan. Todos los comentarios o sugerencias pueden ser enviados por correo electrónico a comments@enslow.com o a la dirección que aparece en la cubierta trasera.

Se ha hecho todo el esfuerzo posible para localizar a quienes tienen los derechos de autor de todos los materiales utilizados en este libro. Si existieran errores u omisiones, se harán correcciones en futuras ediciones de este libro.

Photo Credits/Créditos fotográficos: Ellen Ochoa, pp. 6, 7, 12, 15; Grossmont High School (photo by Boyd Anderson), p. 8; NASA, pp. 1, 4, 16 (all/todos), 17, 18 (both/ambos), 20, 21, 22, 23, 24, 26, 27, 28; Sandia National Lab, p. 14; San Diego State University, p. 10; Stanford University News Service, p. 11.

Cover Credit/Crédito de la cubierta: NASA

❊ Contenido ❊

Ellen tocó su flauta en el espacio exterior.

1

La niñez

La música de flauta flotaba a 160 millas arriba de la Tierra. Dentro del transbordador espacial *Discovery*, la astronauta Ellen Ochoa tocaba una canción. Tocar la flauta en el espacio era casi lo mismo que tocarla en la Tierra. Había sólo una diferencia. En el espacio, el instrumento y las páginas de música flotaban. Para Ellen, lo más asombroso de todo era mirar hacia abajo al bello planeta Tierra mientras tocaba.

Ellen Ochoa nació el 10 de mayo de 1958, en Los Ángeles, California. Los padres de su padre eran de México. Vinieron a los Estados Unidos antes de que naciera Joseph, el padre de Ellen. La madre de Ellen, Rosanne, era de Oklahoma. Ellen tiene una hermana

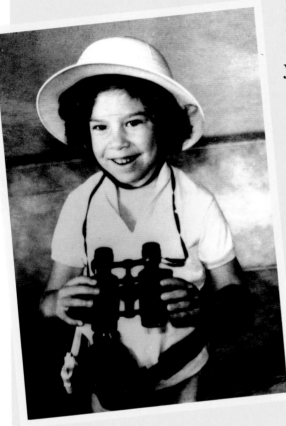

La joven Ellen parece ya lista para ir a explorar.

y tres hermanos. Cuando ella era pequeña, su familia se mudó de Los Ángeles a La Mesa, un pueblo cerca de San Diego, California.

Cuando Ellen tenía un año, su madre empezó a asistir a la universidad. La mayoría de las personas pueden terminar la universidad en cuatro años. A Rosanne Ochoa le tomó veintidós años porque sólo tomaba una clase a la vez. Ella tenía cinco hijos y pasaba muy ocupada.

La madre de Ellen estaba muy interesada en sus clases universitarias. Ella les hablaba a sus hijos acerca de lo que estudiaba. De su madre, Ellen aprendió que la educación es importante y emocionante. Ella aprendió a esforzarse y a no darse por vencida.

El 20 de julio de 1969, los astronautas estadounidenses fueron a la Luna. Neil Armstrong fue el primer ser humano en caminar en la Luna. Ellen tenía once años cuando lo vio en televisión. Era asombroso, pero Ellen no pensó en convertirse en astronauta. En aquel tiempo, todos los astronautas eran hombres.

Ellen, a los nueve o diez años.

En la secundaria, el apodo de Ellen era "E".

Los padres de Ellen se divorciaron cuando ella estaba en la secundaria. Ella y sus hermanos vivían con su madre. En la secundaria, Ellen estudiaba mucho. Le gustaban sus clases de matemáticas y de lectura. También le encantaba la música y tocaba la flauta en una orquesta juvenil en San Diego.

En 1975, Ellen se graduó de la escuela secundaria Grossmont High School en la ciudad de La Mesa. Ella era la mejor estudiante en su clase. Decidió ir a una universidad local, San Diego State University. Ella sabía que su mamá, como madre soltera, trabajaba mucho. Ellen quería estar cerca de su familia para poder ayudar con sus hermanos menores.

✳ 2 ✳
Ellen va a la universidad

En San Diego State University, Ellen tuvo que escoger una materia favorita para estudiar. Ella estaba interesada en muchas cosas. Disfrutaba de la música, las matemáticas, el inglés y los negocios. Finalmente, después de tomar una clase de física, Ellen se decidió.

La física es la ciencia que estudia la materia, la energía y el movimiento. Trata de entender por qué las cosas son como son y actúan como lo hacen. ¿Cómo se forma un los arco iris? ¿Por qué ondean las banderas en el viento?

En 1980 Ellen recibió un título en física de San

Ellen realizó un experimento en el laboratorio de Física de San Diego State University.

Diego State University. Una vez más, ella fue la mejor estudiante de su clase. ¿Qué iba a hacer ahora? Ellen pensó que quizás le gustaría un trabajo tocando la flauta en una orquesta. Sin embargo, aún había mucho que ella quería aprender acerca de las ciencias. Así que Ellen se fue a estudiar a Stanford University. Es una de las mejores universidades del país. Esta vez, ella quería estudiar ingeniería eléctrica.

Los ingenieros eléctricos fabrican máquinas que usan la electricidad de nuevas maneras. Podrían diseñar computadoras o programas de computadoras. Podrían trabajar con láseres o robots, e inventar toda clase de cosas nuevas. Mientras Ellen estaba en Stanford, ella realizó investigaciones en óptica, la ciencia de la luz. Ellen ayudó a inventar una máquina óptica especial que puede "mirar" a los objetos y examinarlos a ver si tienen errores.

Ellen obtuvo dos títulos avanzados en ingeniería eléctrica de Stanford University. En 1981 recibió una Maestría en Ciencias. Y luego, en 1985, ella terminó su doctorado (Ph.D.). Éste es el título más alto de una universidad. Las personas que reciben este título son llamadas doctores. Ellen se convirtió en la Dra. Ellen Ochoa. Ella logró notas perfectas en Stanford y se graduó a la cabeza de su clase. Ella también tocaba la flauta con la Orquesta Sinfónica de Stanford y ganó el Premio de Estudiante Solista.

Mientras Ellen estaba en la universidad, a las mujeres se les permitió

El edificio de Ingeniería de Stanford.

Ellen y su orgullosa familia después de recibir el doctorado en 1985.

participar en el programa espacial por primera vez. Ahora, una mujer podía ser astronauta de la NASA (Administración Nacional de Aeronáutica y del Espacio).

En 1983, Sally Ride llegó a ser la primera mujer estadounidense en el espacio. Debido al éxito de Sally Ride, Ellen vio que a cualquiera le era posible llegar a ser astronauta. Decidió que también ella quería serlo.

3

Convirtiéndose en Astronauta

Ellen solicitó ingreso al programa de astronautas de la NASA en 1985, pero no la aceptaron. En vez de eso, comenzó a trabajar para los laboratorios Sandia National Laboratories. Allí ella realizó más investigaciones en óptica. En 1988 aceptó un puesto en el Centro de Investigaciones Ames de la NASA, haciendo trabajos en óptica. En Ames ella estaba a cargo de un equipo de treinta y cinco científicos. Ella fue coinventora de dos inventos más. Uno de ellos permitía que los robots fueran capaces de "ver" objetos. Esto ayudaría a los robots a movilizarse dentro de una nave espacial o en el espacio. La otra

Ellen trabajó en investigaciones ópticas en Sandia National Laboratory.

invención hizo más claras las fotografías tomadas por cámaras en el espacio.

Ellen aún esperaba unirse al Cuerpo de Astronautas de la NASA. Ella sabía que muchos astronautas eran pilotos y sabían volar aviones, así que ella tomó clases de vuelo. Ella obtuvo su licencia de piloto en 1986. Volvió a presentar su solicitud ante la NASA en 1987. Pero de nuevo la rechazaron.

En el Centro de Investigaciones Ames, Ellen

conoció a Coe Fulmer Miles. Él también era un ingeniero de investigación. Ellos se enamoraron y se casaron el 27 de mayo de 1990.

Ellen estaba ocupada y feliz con su trabajo y su nuevo matrimonio, pero no renunciaba a su sueño. En 1990, dos mil personas presentaron su solicitud para convertirse en astronautas. Sólo veintitrés fueron aceptadas y Ellen era una de ellas. Ella fue la

Ellen obtuvo su licencia de piloto. Aquí está con su amigo John Curley.

El entrenamiento de astronautas ofrece muchas experiencias nuevas: en la tierra, en el agua y en el aire.

primera latina en ser aceptada para el programa de entrenamiento de astronautas de la NASA.

El entrenamiento para astronautas se llevó a cabo en el Centro Espacial Johnson en Houston, Texas. Ella tuvo que esforzarse mucho. Tenía que ser fuerte y estar en buen estado físico. La NASA les enseñó a los nuevos astronautas lo que se sentía al estar en un transbordador espacial. Aprendieron qué hacer en cualquier tipo de emergencia. Ellen practicó saltar de un avión en paracaídas. Ellen también tuvo que estudiar la Tierra, los océanos y las estrellas. Los nuevos astronautas debían convertirse en expertos en el transbordador espacial y su funcionamiento.

La nueva graduada de la NASA.

EL TANQUE DE COMBUSTIBLE y los PROPULSORES DE COHETE hacen que despegue el transbordador y luego caen a la Tierra.

TRANSBORDADOR ESPACIAL

El transbordador espacial despega como un cohete, pero aterriza como un avión.

Tenían que conocer cada pulgada del mismo, por dentro y por fuera. Después de meses de arduo trabajo, Ellen llegó a ser astronauta en julio de 1991.

4

Lanzamiento al espacio

El 8 de abril de 1993, Ellen salió en su primera misión espacial a bordo del transbordador espacial *Discovery*. El viaje duró nueve días. En el transbordador espacial los astronautas hacen muchos experimentos mientras viajan alrededor de la Tierra. Ellen ayudó a recoger información acerca de cómo el Sol cambia el clima de la Tierra. Ella usó un brazo robótico para enviar un satélite al espacio para aprender más sobre el Sol. Luego, con el brazo robótico, Ellen trajo el satélite de regreso y lo colocó dentro del transbordador espacial.

En su segundo vuelo, Ellen pasó doce días en el

Ellen y su hijo Wilson en 1999.

transbordador espacial *Atlantis*, del 3 al 14 de noviembre de 1994.

Los científicos querían aprender más sobre la energía del Sol. De nuevo, Ellen usó un brazo robótico para atrapar un satélite de investigación al final de su vuelo de ocho días.

Wilson, el hijo de Ellen, nació en 1998. Él celebraría su primer cumpleaños mientras su madre estaba en el transbordador espacial en su tercera misión. Antes de partir, Ellen grabó una videocinta de sí misma para que Wilson la viera todas las noches antes de acostarse. El 27 de mayo de 1999, Ellen despegó a bordo del transbordador espacial *Discovery* en una misión de diez días. Era una tripulación internacional. Miembros de la Agencia Espacial de Canadá y la Agencia Espacial Rusa iban con los astronautas estadounidenses.

El 29 de mayo, el transbordador espacial se acopló a la Estación Espacial Internacional. La tripulación estaba emocionada por ser el primer vuelo del transbordador espacial en acoplarse con la estación.

La Estación Espacial Internacional es un lugar

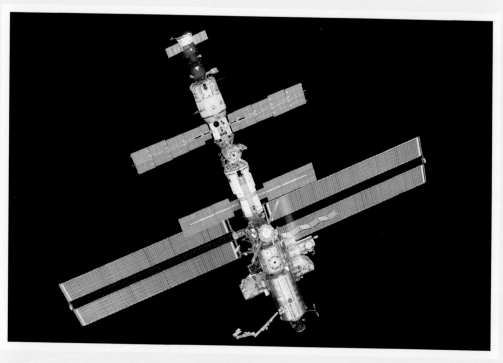

Esta foto de la Estación Espacial Internacional fue tomada por un astronauta en el transbordador espacial en 2002.

Ellen flota al pasar por un túnel del transbordador espacial a la estación espacial.

donde los seres humanos pueden vivir y trabajar en el espacio por largos períodos. Fue construida por personas de dieciséis países. La primera tripulación llegaría a la estación espacial en 2000.

Ellen y los otros astronautas ayudaron a preparar la estación espacial. Del transbordador espacial ellos pasaron equipo médico, ropa, sacos de dormir, repuestos y agua a la estación espacial.

Entregaron casi cuatro toneladas de provisiones.

El 8 de abril de 2002, Ellen participó en su cuarto viaje al espacio. Ella y la tripulación del *Atlantis* volvieron a la Estación Espacial Internacional. Ellen usó el brazo robótico de la estación espacial para ayudar a los astronautas a caminar en el espacio. El brazo los sostenía mientras ellos se movilizaban fuera

Este astronauta está sostenido por un brazo robótico.

Dentro del transbordador, Ellen está a los controles del brazo robótico.

de la estación espacial. Ésta fue la primera vez que el brazo se usaba con ese propósito.

El transbordador trajo consigo una nueva sección que sería agregada a la Estación Espacial Internacional para hacerla más grande. El transbordador espacial también entregó más experimentos científicos, computadoras portátiles, agua y otras cosas que los astronautas necesitarían en la estación espacial.

Al finalizar su cuarta misión, Ellen había pasado casi mil horas en el espacio.

5

La doctora Ellen Ochoa hoy

La Dra. Ellen Ochoa ha ganado muchos premios por su liderazgo, por su servicio al programa espacial y por su trabajo en el espacio. Ella también ha recibido honores de muchos grupos latinos. Aún es astronauta de la NASA y le gustaría ir al espacio otra vez. Por ahora, su trabajo es sobre tierra firme. Ella trabaja en el Centro Espacial Johnson en Houston, Texas. Ella ha estado a cargo de la tripulación que trabaja en la Estación Espacial Internacional. Otro de sus trabajos es decidir qué astronautas irán en los diferentes vuelos espaciales.

En su tiempo libre, a Ellen le gusta pasear en bicicleta y jugar voleibol. Ella también disfruta tocando la flauta y volando aviones pequeños. Ellen y su esposo, Coe, tienen dos hijos: Wilson, nacido en 1998, y Jordan, nacido en 2000. El ser madre y astronauta mantiene a Ellen muy ocupada.

Ellen Ochoa puede recordar cuando no había

En el transbordador, Ellen puede trabajar boca abajo. Cuando ella no está en el espacio, ella mantiene sus pies en la tierra.

astronautas mujeres ni latinos. Para 2006 había treinta mujeres en el Cuerpo de Astronautas de NASA, así como trece latinos (todos hombres, con excepción de Ellen).

Ellen viaja por todo el país. Le gusta hablarles a niños y a adultos acerca del programa espacial. Ella visita las escuelas para hablarles a los estudiantes. Ella los anima a tomar clases de matemáticas y ciencias.

Ellen le dice a todos que trabajen duro y sigan sus sueños.

Ellen cree que la exploración espacial es muy importante. Llevará a la gente a nuevos mundos. "No tengas miedo de aspirar a las estrellas", ella dice. "Creo que una buena educación puede llevarte a cualquier lugar en la Tierra y más allá."

Ellen espera que más jóvenes escojan trabajar en el programa espacial.

⁂Línea del tiempo⁂

1958 Nació el 10 de mayo en Los Ángeles, California.

1975 Se gradúa de Grossmont High School en La Mesa, California.

1980 Obtiene su título en física de San Diego State University.

1981 Obtiene su maestría en ingeniería eléctrica de Stanford University.

1985 Obtiene su doctorado en ingeniería eléctrica de Stanford.

1990 Escogida por la NASA para ser astronauta.

1993 El primer vuelo de Ellen en el transbordador espacial: misión STS-56 *Discovery*.

1994 Segundo vuelo: misión STS-66 *Atlantis*.

1999 Tercer vuelo: misión STS-96 *Discovery*.

2002 Cuarto vuelo: misión STS-110 *Atlantis*.

Ahora Trabaja en la NASA como subdirectora de Operaciones de la Tripulación de Vuelo.

Palabras a conocer

coinventor—Un inventor que trabaja con otro inventor.

doctorado—El título más alto de una universidad. También llamado un Ph.D.

maestría—En título avanzado de una universidad.

NASA (Administración Nacional de Aeronáutica y del Espacio)—El grupo que dirige el programa espacial de los Estados Unidos.

óptica—La ciencia de la luz.

física—La ciencia que estudia la materia, la energía y el movimiento.

brazo robótico—Una máquina que trabaja como un brazo humano para sostener y cargar cosas.

satélite—Un objeto enviado al espacio para que orbite la Tierra.

solista—Una persona que ejecuta un solo.

transbordador espacial—Un nave espacial que se puede reutilizar una y otra vez para transportar a personas y objetos al espacio y de regreso a la Tierra.

orquesta sinfónica—Un grupo grande de músicos con muchos instrumentos que tocan extensas obras musicales.

❊Más para aprender❊

Libros
In English / En inglés

Iverson, Teresa. *Ellen Ochoa*. Chicago, Ill.: Raintree, 2006. (*Hispanic-American Biographies*)

Johnston, Lissa. *Ellen Ochoa: Pioneering Astronaut*. Mankato, Minn.: Capstone Press, 2006.

In Spanish / En español

Iverson, Teresa. *Ellen Ochoa*. Chicago, Ill.: Raintree, 2006. (*Biografías de hispanoamericanos*)

Direcciones de Internet
In English / En inglés

Biographical Data: Ellen Ochoa (Ph.D.)
<http://www.jsc.nasa.gov/Bios/htmlbios/ochoa.html>

NASA for Kids
<http://www.nasa.gov/audience/forkids/home/index.html>

In Spanish / En español

NASA: Space Place. ¡Bienvenidos a El Space Place!
<http://spaceplace.jpl.nasa.gov/sp/kids/>

⚹ Índice ⚹